# L'ESPRIT NATIONAL

## JUSTICE A L'INTÉRIEUR

## PAIX ENTRE LES NATIONS

PARIS
IMPRIMERIE DE G. BALITOUT ET Cie
7, RUE BAILLIF, 7

1890

# L'ESPRIT NATIONAL

**Justice à l'intérieur. — Paix entre les nations**

# L'ESPRIT NATIONAL

JUSTICE A L'INTÉRIEUR

PAIX ENTRE LES NATIONS

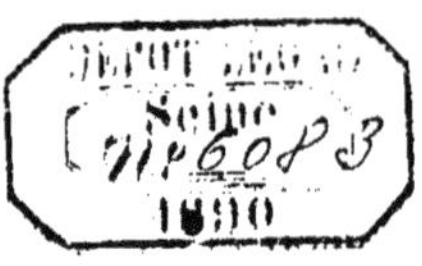


PARIS
IMPRIMERIE DE G. BALITOUT ET Cie
7, RUE BAILLIF, 7

1890

# PRÉFACE

Pendant la première quinzaine du mois d'août 1889, dans une réunion d'amis intimes pour célébrer le centenaire de la Grande Révolution entre proscrits de la monarchie, l'entretien devait naturellement tomber sur les maires de France, qui allaient quelques jours plus tard se réunir en concours solennel, convoqués par le Conseil Municipal de Paris, pour porter au pied du trône de la République les hommages ou les doléances de leurs paroissiens.

Invité à nous signaler à grands traits le programme qu'il aurait à faire valoir dans ce concert national, dans cet appel à l'opinion et à l'esprit des communes de France, un de nos convives, un compatriote du Var, voulut bien nous gratifier de la conférence que nous allons publier, recueillie de mémoire et revue par l'auteur. Comme on le verra dans son discours, il attribue l'espèce de malaise, de somnolence et de sourde agitation qui règnent dans la démocratie, à l'ajournement perpétuel de toute réforme populaire, surtout en matière d'impôts; reconnaissant que la République a beaucoup perdu par cette persistance dans la vieille routine monarchique, perdu son caractère expansif, perdu son enthousiasme et son prestige perdu bon nombre de disciples maintenant réfugiés dans l'indifférence ou dans l'attente d'une nouvelle rédemption. Les élections législatives de 1885 qui ont ravi 100 sièges républicains à la Chambre des députés, ne démontrent que trop une perte sensible, confirmée à peu près par les élections de 1889; ce qui prouve que dans l'espace de quatre ans nous n'avons ni avancé ni reculé. Grand dommage pour une République, de se croire immuable comme un prince de droit divin.

Quelle différence entre nos dernières élections flegmatiques et les premières qui se firent avec tant de foi, d'entrain et d'ardeur, donnant à la République une écrasante majorité, après le coup d'Etat manqué de Mac-Mahon.

Transition ou graduation un peu brusque, qui n'empêche point de croire à une République durable par la seule force de son principe national, réparatrice et progressiste dans un avenir prochain par la force morale de la conscience publique.

La seconde partie de cette harangue, consacrée au désir et à l'amour de la paix, nous promène en même temps à travers les brouillards et les fantômes d'une guerre toujours imminente entre les nations de l'Europe, dans laquelle 20 000.000 d'hommes auront à remplir un office de meurtre et d'extermination entre frères du même continent; 20.000.000 d'hommes armés de carabines de précision à grande portée, pourvus d'une artillerie formidable, pourvus d'une poudre blanche cent fois plus puissante que la poudre noire de Saint-Chamas.

Mais puisque nous sommes en si bon chemin, souhaitons qu'on aille encore plus loin; souhaitons que la science porte à la suprême perfection ces découvertes déjà sublimes de barbarie.

Souhaitons qu'un nouvel Archimède invente de nouvelles machines électriques capables de foudroyer à la minute deux armées en présence, sans qu'un seul homme reste vivant entre les deux camps, devenus ainsi le royaume pacifique de la mort. Souhaitons de nouvelles poudres, de nouvelles dynamites, de nouvelles mélinites assez puissantes pour réduire en cendres et en décombres les plus grandes forteresses, toutes les forteresses qui menacent la paix du monde.

Peut-être qu'alors dans la crainte d'être englobés dans les armées foudroyantes et foudroyées, dans la crainte d'être engloutis dans l'effondrement de leurs donjons, peut-être que les rois et les empereurs, les conquérants et les potentats, tous les monarques et toutes les dynasties, consentiront à laisser les peuples tranquilles, renonçant à tout esprit de conquête et de domination sur l'étranger.

Alors reviendra le beau temps, l'âge d'or des rois bergers, des rois philosophes, des rois d'Arcadie : l'âge d'or des siècles fabuleux.

En attendant l'âge d'or, nous avons l'âge de bronze et l'âge de fer, avec les Scipion et les Annibal, les Marius et les Silla.

Espérons du moins que bientôt, dans nos contrées, surgira un Numa-Pompilius pour affirmer la paix sur les empires cuirassés.

En vérité, si on ne peut songer sans terreur à une solution fatale, on peut encore se demander si cet excès de préparatifs destiné à un excès de débauches sanglantes et sauvages, ne sera pas voué à l'impuissance finale, comme un excès de démence dans l'humanité.

Notre patriarche nous en donne l'espérance dans ses dernières paroles : il espère que la paix restera souriante sur son trône de Thémis, garantie par le bon sens de tous les peuples.

---

# L'ESPRIT NATIONAL

## JUSTICE A L'INTÉRIEUR

## PAIX ENTRE LES NATIONS

Chers Concitoyens,

La République étant la maison du peuple, nous pouvons nous glorifier de vivre depuis vingt ans logés dans notre domaine national ; domaine qui appartient à tous les enfants de France par droit de conquête et par droit de naissance.

Mais n'est-ce pas un étonnement que depuis vingt ans on n'ait pas trouvé le loisir de meubler notre domicile de son mobilier démocratique, alors qu'il était bien facile et bien naturel de prendre l'exemple de justice que nous ont légué nos pères de 89. Bien loin de là, bien loin d'avoir un logis décoré suivant destination, on trouve encore dans la maison du peuple tout le bagage des rois et des empereurs ; bagage qui aurait dû disparaître du territoire français depuis le premier budget de la République Française. Pour notre part, si notre parole avait pu être entendue, nous aurions proposé sur le champ les réformes populaires immédiatement pratiques, en attendant les grandes réformes qui doivent être le fruit de nos révolutions triomphantes. Nous aurions proposé sans retard l'abolition des *droits réunis,* l'abolition des octrois, l'abolition de la cote personnelle par laquelle un ouvrier qui n'a que ses bras paie autant qu'un capitaliste qui compte cent mille francs de rente, l'abolition de l'impôt sur les portes et fenêtres, qui est en réalité un impôt sur l'air et le soleil; sur l'air que nous respirons dans nos habitations, sur le soleil qui rayonne dans nos demeures; impôt contre nature qui paralyse et usurpe les libéralités du Créateur; impôt par lequel la fenêtre d'une pauvre maison et la fenêtre d'une pauvre chaumière paient autant que la fenêtre d'un château.

Est-ce juste? est-ce là l'impôt proportionnel que nous attendons depuis qu'on nous l'a promis dans la charte royale de 1830? Vraiment, si on a bien voulu, par pudeur, inscrire le principe en théorie, on s'est bien gardé de vouloir le mettre en pratique. Écraser les populations par une foule d'impôts iniques et vexatoires pour favoriser les grandes fortunes; telle a toujours été la politique criminelle de notre vieille monarchie, fondée par des troupes de barbares bien dignes de remplacer les proconsuls pillards de l'Empire romain.

Impérialistes et royalistes doivent bien rire dans leurs conciliabules d'une république qui, par le malheur des temps, a conservé sur les contribuables les grandes injustices de l'antiquité.

Nous aurions bien d'autres réparations à formuler dans l'état social qui nous enveloppe de ses replis tortueux; par exemple : sur l'organisation judiciaire qui dévore les justiciables, sur l'autonomie des communes, sur la corvée des prestations en nature qui pèse si injustement sur les habitants des campagnes, sur le code forestier qui a dépouillé les populations de leurs droits d'usage et de propriété; droit reconnu et confirmé dans la loi de Colbert et de Louis XIV contre les prétentions du seigneur féodal, sur bien d'autres sujets plus ou moins impopulaires, plus ou moins parfumés d'aristocratie monarchique.

En vérité, n'est-ce pas cette collection d'anciens régimes, négation de toute justice, qui engendre et provoque les révolutions!

Discussion ardue que nous laissons à l'écart pour ne point fatiguer votre indulgence.

Mais, en attendant que les nuages noirs disparaissent de l'horizon, nous voilà depuis vingt ans casernés dans une république stationnaire ; nous voilà dans une politique d'espérances nébuleuses qui produit en même temps l'inertie et les compétitions ardentes, les divisions et les défections, les coalitions et les conspirations de toute qualité. Nous voilà dans les brouillards, dans tous les brouillards que peuvent souhaiter les adversaires les plus fougueux d'une modeste république. Brouillards qui sont venus traverser le couronnement séculaire de notre grande Révolution, grande apothéose de nos aïeux dont nous célébrons les œuvres immortelles. Brouillards dans l'opinion publique, brouillards sur nos institutions amphibies, brouillards sur les frontières de tous les peuples. Brouillards qui peut-être ne seront dissipés que par la foudre, les orages et les tempêtes, à l'intérieur et au dehors sur les confins des Etats, depuis le Rhin jusqu'au Tonkin.

Il faut le reconnaître franchement, nous piétinons sur les bords du danger, toujours menacés dans les complots permanents des ennemis de la liberté, qui travaillent sans relâche à lancer de nouveaux brouillards et de nouvelles discordes dans le grand parti populaire, pour briser ou ébranler notre dévouement au triomphe de la justice.

§ II. — Comme vous le savez, c'est la République qui nous a rendu les droits de citoyens, la dignité de l'homme, la grandeur des peuples souverains ; biens suprêmes qui seront encore une fois perdus si nous perdons la République et le suffrage universel. Nous devons donc nous dévouer à les maintenir par tous les efforts, par l'union et la concorde entre tous les républicains sans distinction d'origine ou de nuances plus ou moins tranchées, dans le seul intérêt de la République qui porte dans ses flancs le sort, l'avenir, l'idéal du genre humain. A ce prix nous triompherons de toutes les hostilités qui peuvent surgir contre l'autorité nationale, contre la suprématie du contrat social dont la garde est confiée à la bonne volonté du peuple français.

Le peuple comprend tout le monde ; tout le monde est membre de la société au même titre, avec la faculté de mettre la main aux destinées du pays : mais pour attacher au régime démocratique les populations flottantes les populations troublées par tant d'illusions et de déceptions, il est urgent de procéder à la révision de notre constitution ; urgent de procéder aux réformes sociales, économiques et financières réclamées depuis longtemps, toujours promises, toujours sacrifiées.

Voilà, croyons-nous, les vœux de la démocratie : nous les rappelons en souhaitant que l'esprit de rénovation et de conciliation descende dans tous les partis qui divisent la patrie.

Prenons garde que la patrie elle-même est en danger par nos discordes intestines ; cette patrie que nous aimons tant, dont l'expression rappelle dans les âmes une foule de sentiments et d'intérêts sacrés : l'amour du territoire national, l'attachement à la famille et au foyer domestique, nos coutumes et nos relations entre concitoyens, le génie et les œuvres de la France dans l'histoire des siècles, les souvenirs de l'enfance avec la mémoire des ancêtres, autant de vibrations sympathiques qui ensemble portent le nom de Patrie.

Mais en aimant notre patrie, c'est en respectant la patrie

de l'étranger ; tous les peuples aiment leur patrie comme nous aimons la nôtre ; tous voudraient la voir grande et honorée, prospère, indépendante et libre. C'est là un sentiment naturel à l'humanité, constituant un intérêt respectif, propice au rapprochement des peuples. C'est dans cette voie d'intérêts réciproques et de respect mutuel, que nous trouverons l'harmonie cordiale, la prospérité fraternelle, la paix universelle.

C'est la paix qui produit la civilisation et la justice.

La guerre qui est le propre des peuples sauvages et anthropophages, la guerre est un fléau incomparable pour les nations civilisées ; c'est la guerre qui fait nos désastres, le deuil, la ruine des gouvernements et des particuliers.

C'est la guerre qui enfante les Tarquin et les César.

Vous savez que la guerre traîne après elle une gloire folle, chantée par les poètes et les historiens bachiques et académiques de tous les siècles ; gloire de pirates et de corsaires avec son cortège de conquêtes, d'esclavage et de spoliations sur les peuples, au profit des grands officiers de la victoire ; cercle perpétuel de tourmente, de frénésie et de folie, dans lequel :

Les armées que la fureur assemble
Combattent et meurent ensemble.

C'était la gloire des nations antiques et modernes.

Notre gloire à nous, enfants de cette génération, la voici !..... Anglais, Russes, Italiens, Allemands, Espagnols, Français :

« Tous les peuples que la paix rassemble,
Commercent, fraternisent, vivent ensemble. »

Voilà notre gloire ; la gloire qui fera le tour du monde, la gloire symbole de la fraternité.

Souhaitons encore, comme sanction de cette grande fraternité, que bientôt dans les cinq parties du monde soit répandu et vulgarisé un même langage, une langue universelle qui serait décrétée, délibérée, arrêtée, dans un congrès de toutes les nations.

§ III. — Si nous consultons la chronique régionale, la chronique belliqueuse de notre siècle, on trouve que tous les peuples ont été vainqueurs et vaincus tour à tour; tour à tour la victoire, la déroute, l'invasion. C'est l'ordre du destin dans le désordre de la société.

Tous vainqueurs et vaincus.

La France commence par vingt ans de victoires. Provoquée, attaquée dans sa première révolution, dans son indépendance, dans son esprit libéral et libérateur, la France, de concert avec l'Italie, triomphe contre toutes les puissances royales de l'Europe. Dans son triomphe, la République française impose un traité de paix à l'Autriche, un traité de paix à la Prusse, un traité de paix à l'Angleterre. En même temps toutes les insurrections monarchiques et sacerdotales de l'intérieur étaient vaincues et anéanties. Ainsi, puissante et honorée sur ses frontières, dégagée dans son gouvernement, la République était fière de ses enfants dont l'héroïsme lui avait conquis la paix et la liberté.

Génération illustre de nos pères qui, dans les tourments de nos discordes civiles, enfante nos vieux généraux de vingt ans : Marceau, Championnet, Hoche, Carnot, Jourdan, Bonaparte, Kléber, à la tête de nos phalanges héroïques, à la tête d'une nation d'hercules, combattant pour le droit, pour le régénération, pour l'honneur de l'humanité dans tous les siècles.

C'est l'amour de la patrie et de la liberté qui exalte nos

héros vengeurs ; c'est la liberté qui enchaîne la victoire sous nos drapeaux, la liberté qui célèbre le triomphe et l'illustration de la France, au bénéfice de tous les peuples de la terre.

§ IV. — Mais voilà que du sein de nos victorieuses légions s'élance un conquérant fameux, géant des batailles, un César, un Napoléon, qui entraîne la France malgré elle dans des aventures de conquêtes sans borne. La fortune souriante accompagne nos armes, et notre drapeau flotte sur toutes les capitales du vieux monde ; en Espagne et dans les Pays-Bas, royaume illustre de Charles Quint ; à Rome, sur le Capitole de Romulus et de Pompée ; à Vienne, à Berlin, à Varsovie, à Moscou, sur toutes les forteresses qui ombragent la demeure des rois. Du Caire à Moscou, nos immortels drapeaux dominent sur l'empire d'Alexandre-le-Grand, sur l'empire de César, sur l'empire de Charles-Quint, sur l'empire de Pierre-le-Grand.

Vaines gloires et vains triomphes, folle puissance et fol orgueil qui couvent un appel à la vengeance.

Notre campagne de Moscou fut le point culminant de nos victoires ; l'étoile de la France pâlit devant les flammes de Moscou brûlée d'une main patriotique. Napoléon, qui croyait prendre ses quartiers d'hiver dans la capitale moscovite, épouvanté d'un patriotisme incendiaire qui ne lui laisse ni asile, ni provisions, ni espérances, Napoléon vainqueur ne songe plus qu'à faire sa retraite en fugitif, abandonnant au hasard, sans pain ni ressources, une grande armée de huit cent mille hommes, qui va périr dans les neiges de la Moskowa (1813). A la première nouvelle de ce grand désastre, le plus terrible dont fasse mention la biographie des plus impétueux conquérants, toutes les nations en masse se soulèvent contre l'empereur Bonaparte, grand dévastateur et grand carnassier de la terre, tyran de l'Europe, tyran de sa patrie, commerçant de batailles, tombé en faillite avec toute sa gloire et tout son génie.

A son tour la France est battue, vaincue, terrassée, malgré le dévouement suprême de nos derniers bataillons dont les débris restent impuissants contre les avalanches d'ennemis qui nous envahissent de toutes parts. Russes, Anglais, Prussiens, Autrichiens et autres alliés sont deux fois vainqueurs et maîtres sur notre territoire, deux fois maîtres dans Paris, dictant la loi et les conditions de paix à notre France épuisée d'hommes et d'argent.

Nos deux invasions de 1814 et 1815 vengent l'Europe de nos triomphes dévorants, vengent les peuples d'une domination despotique.

### Tous vainqueurs et vaincus

§ V. — A partir de 1815, trente-cinq ans s'écoulent en paix ; trente-cinq ans employés par les peuples à réparer tant de ruines et de misères ; employés par les gouvernements légitimes à renforcer les lois et les mœurs du moyen-âge, à fortifier le socialisme aristocratique de l'ancien régime, que Napoléon avait lui-même rétabli en France et conservé sur les nations vaincues.

Convenu encore entre les monarques alliés de se prêter un secours mutuel contre les populations récalcitrantes, capables de se soustraire au joug de leurs dominateurs superbes !

C'est ainsi que la France de Louis XVIII, en 1823, monta son expédition d'Espagne contre le parti libéral triomphant, pour remettre sur son trône le roi de la Grandesse Espagnole, le roi de l'Eglise catholique, qu'il faut ne pas confondre avec l'Eglise des apôtres.

Quelques années plus tard survient la Révolution française de 1830, qui ne fut qu'un ébranlement, un roi aîné, détrôné par un cadet de la même dynastie ; le roi de la noblesse et du clergé remplacé par le roi des barricades, roi de cette bourgeoisie qui s'appelait *Tiers-État* sous l'ancienne monarchie.

Mais voici la Révolution du 24 février 1848 qui, en proclamant la République et le suffrage universel, renverse tous les États et tous les privilèges, pour fonder un seul Ordre avec les mêmes droits reconnus à tous les citoyens, l'Ordre du peuple, l'Ordre national.

Par malheur, dans la confusion générale d'un pareil mouvement, reparut à l'horizon un nouveau Bonaparte prince paladin, qui en se faisant annoncer à force de trompes et de trompettes comme le grand réparateur, le grand réformiste, le grand socialiste du peuple parvient à se faire nommer président de la République Française. C'était une forteresse pour un homme sans scrupules, une forteresse d'où il s'élance à l'usurpation du pouvoir souverain, comme son oncle, par un coup d'État contre les représentants du peuple. Deux Napoléons, présidents de République, qui ont prêté serment à la République et qui ont trahi la République, trahi le peuple, trahi la Révolution, qui était la source de leur grandeur, tous les deux ont crevé du succès de leur trahison.

Aussitôt notre second Bonaparte devenu empereur sous le titre de Napoléon III, aussitôt la France fut en esprit d'hostilité avec toute l'Europe qui connaissait l'ambition de l'usurpateur affamé de gloire, de guerre et de conquête.

N'étant que Président de la République, Bonaparte avait déjà déclaré la guerre à la République Romaine de Mazzini et de Garibaldi, en violation de la constitution française qui défend d'attenter à la liberté d'aucun peuple, en violation d'un ordre exprès de l'Assemblée Constituante qui laissa péricliter son autorité nationale.

La seconde guerre fut préparée, conspirée, ordonnée contre la France elle-même, contre la République, contre les défenseurs de la loi, du droit et de la justice, qui furent assassinés, massacrés, transportés, outragés, calomniés avec la dernière atrocité par tous les préfets, juges, huissiers, magistrats et autres gens de loi, tous associés dans le crime, tous complices de l'Empire qui allait sortir triomphant de sa source d'infamie.

Toute la durée de l'Empire n'a été qu'une source de guerres intermittentes, à la discrétion d'un Bonaparte qui a fait périr autant de monde que l'oncle de Moscou.

Guerre en Amérique contre la République mexicaine pour la transformer en monarchie, au profit d'un prince autrichien. Belle entreprise dont la belle conclusion fut la mort du prétendant, la mort de nos soldats, la perte de notre argent et l'humiliation du glorieux Napoléon, forcé de retirer ses troupes du Mexique sur l'ordre exprès de la Grande République américaine.

Guerre et conquête de la Cochinchine qui dévore nos garnisons, nos colons et nos finances sans retour.

Guerre à la Chine de concert avec la Grande-Bretagne, prise et saccage de Pekin, capitale du céleste Empire.

Guerre de représailles, conséquence d'une fausse politique dans les parages de l'extrême Orient.

Guerre contre la Russie, encore avec le concours de l'Angleterre. Demi-victoire ou quart de victoire sous les murs de Sébastopol, laissant une montagne de cadavres devant La Tour Malakoff.

Guerre et demi-victoire contre l'Autriche en Italie, moitié délivrée de ses tyrans.

Enfin provocation à la Prusse, qui ne fit qu'une bouchée du petit Napoléon, prisonnier de Sedan. Nos régiments héroïques furent écrasés par le nombre, cinq contre un. Le Grand monarque des Gaules, durant son règne de vingt ans, n'avait appris ni à forger des armes, ni à organiser une armée pour la défense de la Patrie.

Survenant la trahison d'un général impérialiste qui vendit à la Prusse notre dernière armée, la France fut envahie sans résistance. Paris assiégé, notre territoire broyé, incendié, saccagé.

Troisième invasion bonapartiste.

La Prusse enfin se retire, emportant nos milliards et nos départements arrachés à la mère Patrie.

§ VI. — Et maintenant, que reste-t-il à l'Europe qui soit digne de la civilisation, après tant de bouleversements et d'écrasements alternatifs ? Que lui reste-t-il après tant de triomphes et de tourments, tant d'amertumes et de trophées alternant sur les vainqueurs et sur les vaincus ? Que nous reste-t-il en beaux souvenirs historiques ?

....... En première ligne : la misère des populations pendant la guerre et après la guerre, par le ravage des territoires et les sacrifices financiers qu'exige une guerre de vingt-cinq ans.

Ce qui reste : l'incendie de Moscou, glorieux pour l'esprit d'indépendance nationale, désastreux pour l'humanité.

Ce qui reste : la débacle dans les glaces de la Sibérie d'une armée de 800.000 hommes, composée de Français, d'Italiens, d'Autrichiens, de Prussiens, de Polonais, commandés par le grand Kam de l'occident.

Ce qui reste : la débacle de l'Allemagne sous un dominateur étranger, protecteur de la confédération germanique.

Ce qui reste : la débacle de Waterloo, la débacle de Sedan la débacle de nos invasions réciproques.

Ce qui reste : la mort de 2.000.000 d'hommes, vaillants et robustes enfants de l'Europe, moissonnés sur les champs de bataille, qu'on appelle le champ d'honneur, et qui ne sont que les grands théâtres de la barbarie.

La barbarie pour les promoteurs de guerres et de conquêtes, l'honneur pour les braves qui suivent la fortune de l'étendard national, ou qui succombent en défendant le foyer paternel.

§ VII. — En songeant à cet engrenage d'hostilités concernant notre siècle, qui pourrait croire qu'un bénéfice quelconque pour l'humanité soit sorti du déchirement et des convulsions de l'Europe, qui en a vu bien d'autres sans profit, depuis le régime féodal et clérical qui commence après Charlemagne.

Du moins, en les signalant, en signalant les suprêmes folies de l'histoire, on est heureux d'y rencontrer pour la fin de notre siècle un rayon d'espérance, une lueur naissante... l'aurore d'une conciliation fraternelle entre des ennemis acharnés qui ont appris à se connaître et à se comprendre par le télégraphe de la poudre, par le téléphone du canon. A force de se battre, de se mélanger, de s'entretenir pour régler leurs comptes entre vainqueurs et vaincus, les peuples en sont venus à se dire par une inspiration commune :

Mais pour qui donc et pourquoi va-t-on se battre entre créatures semblables, entre gens qui pourraient vivre en paix, en amis et en frères? Nous quittons les vieux parents qui gémissent, les enfants qui pleurent, et nous allons nous faire tuer ou estropier dans les combats pour le plaisir et la gloire de nos gouvernants : pour nos gouvernants qui ingurgitent des dragées de confiseur dans l'estomac, pendant que nous recueillons des dragées de mitraille dans nos poitrines et dans nos entrailles.

On dit cependant que nous vivons dans le siècle des sciences et des lumières qui font le bonheur des peuples.

Dans le siècle de l'imprimerie perfectionnée qui jette tous les matins jusque dans les campagnes les plus reculées des milliers de feuilles volantes, vulgarisant toutes les connaissances de l'esprit humain; ouvrant les arcanes de tous les secrets d'État ; publiant l'histoire du présent, l'histoire du jour comparée à l'histoire des temps passés.

Comment donc, dans ce siècle de grande communication par l'imprimerie et la vapeur, dans ce siècle de génie et de fraternité, songe-t-on encore à nous faire battre entre compagnons de science et de travail, comme si nous étions des fous furieux, ou des cannibales civilisés ; comme si entre les hommes il devait y avoir à jamais des trophées d'inimitiés féroces !

§ VIII. — Eh bien, citoyens, ne pensez-vous pas que l'heure soit venue pour les peuples désorientés, maintenant éclairés, d'abandonner cette carrière funèbre, de se retirer de cette voie d'aberration batailleuse qui ne leur a valu que des souffrances et des malédictionss mutuelles. Quittons enfin les sentiers sanglants des vieux temps de la terre, qui se sont prolongés pendant quarante siècles de folie internationale, entretenus par l'ambition des conquérants qui se jouent de la vie des hommes et de la vie des peuples.

Prenons un autre chemin, le chemin d'une auréole nouvelle, le chemin d'une paix cordiale, qui doit conduire à la fédération des peuples, d'où sortira un tribunal suprême emprunté à la Grèce d'Aristide et de Socrate, l'aréopage, arbitre souverain, dont les sentences puissantes et respectées viendront amortir nos discordes, régler nos différends, prévenir tous les conflits entre les États confédérés.

§ IX. — Après cette page d'histoire ancienne, un dernier mot à la sagesse des nations :

Tout d'abord, en souhaitant la paix, en invoquant la paix pour l'inculquer dans l'esprit public, n'oublions pas que la France est prête à se défendre contre ses agresseurs, prête à mettre sous les armes 4 millions d'hommes et 1 million en réserve, remparts vivants de la patrie contre des voisins qui organisent des torrents de légions, de régiments, de bataillons, d'escadrons et d'artillerie, chargés de poudre fulminante.

Voyez donc quelle belle catastrophe pour le temple de Bellone, si 20 millions de combattants, sortis de toutes les puissances continentales, vont se rencontrer sur les champs de bataille, pour s'égorger, pour faire des millions de cadavres avec nos canons mathématiques!

Quelle aventure d'énormités si cet excès de démence doit un jour éclater sur notre continent. Quelle belle campagne de massacres, de dévastations, de ruines, d'incendies, plus terrible et plus horrible que jamais.

Espérons cependant, malgré l'inconnu du lendemain, malgré les nuages sombres qui flottent de l'orient à l'occident, espérons qu'un cataclysme formidable sera épargné à l'histoire du monde.

Espérons que la paix universelle sera consacrée par le bon sens universel.

Oui, chers concitoyens, proclamons du fond du cœur une sainte alliance entre toutes les nations de l'Europe, une sainte alliance entre toutes les nations de l'univers.

Paris. — Imp. de G. Balitout et Cie, 7, rue Baillif.

www.ingramcontent.com/pod-product-compliance
Ingram Content Group UK Ltd.
Pitfield, Milton Keynes, MK11 3LW, UK
UKHW020534180726
13839UKWH00006B/2507

9 782329 521275